DIEU ET FRANCE

A SES PAROISSIENS

M. l'Abbé THUILLIER,

Curé de la Neuve-Lyre,

est heureux d'offrir ce modeste souvenir de son installation,

le 4 août 1901.

ÉVREUX

IMPRIMERIE DE L'EURE

—

1901

A SES PAROISSIENS

Imprimatur

Ebroicen, 28 Augusti 1901.

✝ PHILIPPUS, Ep. Ebr.

DIEU ET FRANCE

A SES PAROISSIENS

M. l'Abbé THUILLIER,

Curé de la Neuve-Lyre,

est heureux d'offrir ce modeste souvenir de son installation,

le 4 août 1901

ÉVREUX

IMPRIMERIE DE L'EURE

—

1901

Mes Frères,

Saint Paul, arrivant pour la première fois à Rome, s'annonçait en ces termes : « Je suis le serviteur de Jésus-Christ, son
« apôtre. J'ai été choisi pour prêcher l'Évangile... Mais, vous
« aussi, vous avez été appelés à l'Évangile... Donc, à vous
« tous qui êtes les amis de Dieu et qui avez la vocation d'être
« des saints, que Dieu notre Père accorde la grâce et la paix
« par Notre-Seigneur Jésus-Christ.

« Je commence par vous féliciter de ce que votre foi est
« répandue par toute la terre. Quant à moi, je ne vous oublie
« pas dans mes prières, désirant vous voir et accomplir
« quelque bien parmi vous et me consoler avec vous dans
« cette foi qui nous est commune.

« Car, je dois vous dire que depuis longtemps je désire
« venir à vous et je ne l'ai pu jusqu'à présent.

« Or, maintenant que j'arrive à vous, j'ai l'intention de me
« dépenser entièrement pour vous : Je suis le débiteur de
« tous, des Grecs et des étrangers, des petits et des grands,
« des ignorants et des sages (1). »

Ce texte convient admirablement à la simple et grave
cérémonie qui nous réunit, Mes Frères.

Vous aussi, vous êtes « les amis de Dieu », « les élus de
l'Évangile », et la « réputation de votre foi est répandue au

(1) *Saint Paul aux Romains*, ch. I, v. 1 à 16.

loin ». J'en ai recueilli des échos à l'autre extrémité du diocèse. D'un diocèse voisin, un évêque qui vous connaît depuis longtemps et qui vous apprécie a daigné lui-même m'en donner l'assurance (1).

Quant à moi, n'ai-je pas lieu de croire, comme saint Paul, que c'est le Christ qui m'envoie à vous, puisque à la vocation au sacerdoce qu'Il m'a donnée dès l'enfance, au goût prononcé et constant qu'Il y a joint pour le ministère paroissial, Il a ajouté l'appel formel de son représentant dans ce diocèse, Mgr l'évêque d'Évreux. — Je puis dire aussi, comme saint Paul, que je n'ai d'autre intention en arrivant parmi vous que « de me faire tout à tous et à chacun de vous pour l'amour de Jésus-Christ (2). »

Et maintenant, s'il m'était permis, — non pas d'indiquer des préférences : car, vos âmes, Mes Frères, sont toutes également précieuses, ayant toutes été rachetées par le sang de Notre-Seigneur, — mais, d'esquisser à larges traits le programme d'action qui s'impose à moi, je dirais que je me consacrerai : 1° à l'éducation chrétienne des enfants; 2° à l'amélioration religieuse et sociale de la condition des travailleurs; 3° à l'avancement des personnes de piété dans les voies de la vertu.

D'abord, L'ÉDUCATION CHRÉTIENNE DES ENFANTS.

Comme le disait fort bien tout à l'heure M. le Supérieur (3), quand on a été longtemps avec les enfants, on a contracté pour eux une affection tendre et attentive dont il est impossible de se défaire.

J'ai été avec les enfants plus de onze ans. J'ai vu éclore et grandir en eux ces fraîches vertus de simplicité, de douceur, de foi, de bonté, d'innocence qui sont leur plus belle parure.

Leur aumônier et, à ce titre, l'ami de leur cœur, je les

---

(1) Mgr l'évêque de Bayeux.
(2) *Saint Paul aux Corinthiens*, I, IX, 22.
(3) M. le chanoine Acard, supérieur des Missionnaires diocésains, précédemment curé de la Neuve-Lyre.

préparais d'abord à leur première communion, je les aidais ensuite à en tenir les promesses.

Oh! les belles âmes que j'ai rencontrées, les unes conservant longtemps, toujours, leur blancheur de neige :

> Tel, en un secret vallon,
> Sur le bord d'une onde pure,
> Croît, à l'abri de l'aquilon.
> Un jeune lys, l'amour de la nature.
> Loin du monde élevé, de tous les dons des cieux
> Il est orné dès sa naissance,
> Et du méchant l'abord contagieux
> N'altère point son innocence (1).

les autres, blessées de loin en loin, mais se relevant bientôt avec une énergie nouvelle : jeunes gens qui montrent dès leur apprentissage d'homme une délicatesse de conscience, une passion du devoir, une répulsion virile contre le mal qui sont autant d'heureux présages pour leur avenir. Car, il n'est pas téméraire d'affirmer, après la sainte Écriture (2), qu'une jeunesse ainsi passée dans les nobles et saintes luttes de la vertu sera couronnée d'une vie entière d'honneur, de vaillance et de bénédiction. Heureuses les familles, heureuse la France, si elles pouvaient compter un plus grand nombre de jeunes gens de cette énergie.

Je m'y emploierai de mon mieux ici, Mes Frères. Je désire être l'aumônier de vos enfants comme je l'ai été de ceux d'Écouis. Je sais qu'à Écouis, j'étais secondé par une surveillance continuelle et universelle, par une discipline aussi forte que paternelle; que ces conditions sont moins faciles à obtenir dans une paroisse que dans un collège. Et cependant, si les pères y tenaient la main... Si les mères y mettaient leur cœur... Aussi bien, ce qui manquerait sur ce point peut être compensé en partie par l'organisation paroissiale et par l'esprit de famille.

Je compte sur les personnes dévouées de cette paroisse pour l'instruction religieuse des enfants, dont les parents n'auraient

(3) Racine, Athalie, H, IX.
(2) Prov. XXII, 6.

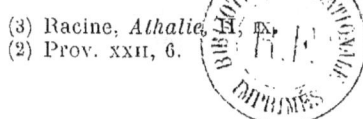

pas le loisir de s'occuper sous ce rapport. Dans la paroisse de Verclives, où j'allais dire la messe le dimanche, plusieurs catéchistes volontaires s'étaient adonnées à cette œuvre. Il en résultait à la fois un grand mérite pour elles et un grand bien pour leurs chers élèves. Je ne doute pas de rencontrer ici les mêmes bonnes volontés.

Mais, c'est aux parents surtout que je me recommande. *Qu'ils veillent avec un soin scrupuleux non seulement à ce que leurs enfants assistent exactement au catéchisme, mais à ce qu'ils le sachent parfaitement.* Ils en seront les premiers récompensés. L'éducation des enfants ! mais, c'est tout, cela ! c'est l'honneur, la joie, l'avenir des familles et du pays ! Non, ce n'est pas trop de toutes les forces dont on peut disposer pour travailler à cette grande œuvre. Personne n'ignore que la religion est la plus puissante de ces forces.

J'ai dit en second lieu : L'AMÉLIORATION RELIGIEUSE ET SOCIALE DU SORT DES TRAVAILLEURS.

Vous êtes tous des travailleurs, Mes Frères. Industriels, commerçants, ouvriers, vous formez cette portion de beaucoup la plus nombreuse de la société qu'on est convenu d'appeler la classe populaire.

Or, l'Église s'est toujours occupée du bien-être aussi bien matériel que moral de la classe populaire. Voyez Léon XIII, dans son Encyclique sur la *Condition des Travailleurs*. Voyez, dans les temps passés, saint Paul, saint Ambroise, saint Augustin, saint François d'Assise, saint Vincent de Paul, saint Pierre Fourrier. Il n'y a pas un seul de ces saints qui n'ait ajouté à ses œuvres de relèvement religieux des œuvres d'assistance corporelle. Et cela se comprend. Jésus-Christ qui a dit : Allez, enseignez, baptisez, a dit aussi : J'ai pitié de cette foule. Je ne veux pas la renvoyer à jeun. Donnez-lui à manger.

Je ne saurais en vérité me proposer de meilleurs modèles. Il me serait impossible de déterminer d'avance ce que je pourrai faire pour les travailleurs, au point de vue de leurs intérêts matériels. Les circonstances, ces messagères de la

Providence, me le suggèreront. *J'ai tenu du moins à affirmer dès aujourd'hui l'attachement que je leur porte et la résolution où je suis de leur rendre tous les services, de quelque ordre qu'ils soient, dont je serai capable.* Aussi bien, je ne me considérerais pas comme votre curé, Mes Frères, si rien de ce qui intéresse la gloire et la prospérité de votre pays pouvait me laisser indifférent.

Vous comprendrez toutefois que j'aie encore plus de sollicitude pour vos âmes. C'est de vos âmes que je suis plus spécialement chargé. Ce sont les intérêts de vos âmes qui priment tous les autres : ils sont éternels. Et puis, la plupart des misères matérielles qui nous oppressent ne résultent-elles pas de misères morales, et comment remédier aux unes si l'on n'essaie pas de guérir les autres ?

Cela me rappelle un trait de la vie de saint Vincent de Paul. Le saint était à Folleville près d'Amiens, quand on vint le chercher pour un malade qui se mourait. Il y court. Le moribond était un homme fort chrétien en apparence, mais qui au fond était bourrelé de fautes et de remords. Saint Vincent l'exhorte à une confession générale de toute sa vie. La suite montra que ce conseil venait de Dieu. Car, Mme de Gondi, l'un des plus nobles cœurs du xviie siècle et l'auxiliaire dévouée de saint Vincent, — Mme de Gondi étant venue elle-même prendre des nouvelles de cet homme, celui-ci lui raconta en fondant en larmes, qu'il avait caché des péchés en confession dans sa jeunesse, mais que M. Vincent lui avait fait faire une confession générale et qu'il lui serait redevable de son salut éternel. Et Mme de Gondi de dire à saint Vincent : Qu'est-ce que cela et que venons-nous d'entendre ? Si cet homme qui paraissait un bon chrétien était dans un pareil état de damnation; qu'en est-il des autres qui ont une conduite moins édifiante ? Ah ! M. Vincent, que d'âmes se perdent, que d'âmes se perdent ! quel remède à cela ? — Saint Vincent trouva le remède et grâce à l'active perspicacité de cette dame, il fut en état de l'appliquer. Bel exemple de ce que peuvent réaliser ceux qui ont la direction de la société, quand ils savent combiner leurs vues et leurs efforts pour le bien public.

Hélas! Aujourd'hui aussi, on pourrait aller répétant avec Mme de Gondi : que d'âmes se perdent! que d'âmes se perdent! Quel remède à cela? — Le remède le plus simple serait sans doute celui qu'employait saint Vincent : une confession générale qui en débarrassant le cœur de sa fange, ne tarderait pas à éclaircir le ciel de l'intelligence. Mais, beaucoup n'ont plus la foi, ou du moins, croient ne plus l'avoir, et refusent dès lors d'agir comme s'ils l'avaient.

Vous n'avez plus la foi, mon ami, je vous plains bien sincèrement. Vous sentez vous-même combien vous êtes à plaindre. Mais, il ne suffit pas de s'épancher en plaintes. Cette foi que vous n'avez plus, il faut la retrouver. Comment la retrouveriez-vous si vous n'alliez consulter quelque chrétien plus instruit, quelque prêtre, votre curé qui a mission de vous enseigner la parole de Dieu? D'où, l'obligation pour quiconque cherche la vérité d'un cœur sincère de suivre aussi assidûment qu'il le peut les instructions de sa paroisse.

Dans le temps où nous vivons, Mes Frères, alors que la religion catholique est si violemment attaquée et de toutes parts, il est plus indispensable que jamais que les chrétiens soient sérieusement instruits de leur foi et des raisons sur lesquelles elle repose. A plus forte raison, ceux dont la foi est chancelante ou tombée doivent se renseigner sur elle autre part que dans les livres ou près des gens qui ne songent qu'à l'accuser.

Aux uns et aux autres, je donne rendez-vous dans cette église pour les *conférences sur la religion* que j'aurai l'honneur de leur faire. Si je parle, comme disait David, c'est que je crois. Si je ne croyais pas, je ne resterais pas un instant de plus dans cette chaire. Or, ma croyance n'est ni une affaire d'imagination, ni une affaire de sentiment. C'est une affaire de conviction, longuement et mûrement réfléchie, appuyée sur des preuves que j'estime inébranlables. Quand on est convaincu de posséder la vérité, le premier devoir comme le premier mouvement du cœur, n'est-il pas de travailler à en faire profiter les autres? C'est à quoi je travaillerai. Je vous dirai : voici mes raisons; voici les pièces à l'appui. Voyez et jugez si elles ne sont pas convaincantes. Que si vous les acceptez, venez donc à nos côtés! Unissons nos efforts pour la diffusion de la vérité. Si non, ne craignez point d'exposer vos difficultés, vos doutes : j'essaierai de les résoudre. *Ce que Dieu demande ce n'est pas une religiosité vague, c'est une foi raisonnable. Il l'accorde en récompense à ceux qui cherchent la vérité loyalement et généreusement.*

Enfin, je devrai consacrer mes soins à L'AVANCEMENT DES PERSONNES DE PIÉTÉ DANS LES VOIES DE LA PERFECTION.

Les personnes de piété sont et doivent être l'élite religieuse de la paroisse; les Enfants de Marie surtout, si elles tiennent à honneur leur titre. Et de fait, chères Enfants de Marie, lorsque je vous voyais passer tout à l'heure dans les rues de la ville, avec vos larges rubans bleus, sous la bannière de votre Mère, je me serais figuré aisément que c'étaient autant de saintes Vierges qui passaient. Voilà en effet l'idéal que vous devez vous proposer : Être d'autres sainte Vierge; comme Marie, répandre autour de vous la bonne odeur de Jésus-Christ, c'est-à-dire l'exemple de toutes les vertus.

On avait autrefois à Rome une profonde vénération pour les Vestales. C'étaient de jeunes vierges, chargées d'entretenir sur l'autel le feu sacré, symbole des ancêtres. Malheur à la Vestale qui eût laissé éteindre le feu sacré! On l'eût rendue responsable de tous les malheurs de la patrie. Cette superstition n'était comme beaucoup d'autres qu'une vérité corrompue. C'est vous, Enfants de Marie, et tous ceux d'entre vous, Mes Frères, qui avez au cœur un amour ardent pour Jésus-Christ, c'est vous qui êtes la sécurité, la Providence visible de la paroisse. C'est vous qui tenez d'une certaine manière son avenir entre vos mains. Rappelez-vous les paroles de Jésus-Christ : « Si la lumière qui est en vous est éclatante, tout le corps sera éclairé. Mais, si la lumière devient ténèbres, les ténèbres que deviendront-elles? (1).

(1) Saint Math., VI, 22.

O âmes chrétiennes, gardez, gardez avec un soin jaloux cette flamme de l'amour de Dieu que Jésus a apportée sur la terre et qui a si heureusement grandi en vous! Gardez-la de tout souffle délétère, de tout mélange de flamme impure!

Comprenez qu'une flamme meurt quand on ne l'alimente pas et que *les aliments de cette flamme céleste sont les exercices de piété bien faits, la méditation, la prière, la visite au Saint Sacrement, la confession et la communion.*

Comprenez que la flamme réagit pour ainsi dire sur elle-même pour se purifier et s'embraser toujours davantage. De même, vous, *ne craignez pas de trop aimer Dieu.* Qu'Il vienne en vous, qu'Il s'établisse en vous, qu'Il consume en vous tout ce qui est défaut ou tendance mauvaise; qu'Il fasse de vous d'autres Lui-même, passant l'or au creuset pour le rendre plus brillant et plus pur.

Comprenez que plus vous serez saints; plus vous ferez de bien autour de vous; et il faut en faire, du bien, autour de soi. Dans la primitive église, les parents, les enfants, les époux, les amis s'ingéniaient, Dieu sait avec quelle délicatesse et avec quelle patience, à convertir ceux qui leur étaient chers. Et aussi, quel succès! Tous les chrétiens de ce temps étaient apôtres. Pourquoi n'en serait-il pas de même aujourd'hui? Toutes les personnes de piété, toutes, doivent être si bonnes, si vertueuses, si chrétiennes qu'elles forcent les impies eux-mêmes à rendre hommage à la religion qui les anime. « *Que votre Lumière brille devant les hommes afin qu'ils voient vos œuvres et qu'ils glorifient votre Père qui est dans les cieux* (1). » Toutes aussi doivent prendre à cœur les intérêts spirituels de leurs familiers. Influence, démarches, sacrifices, bonnes paroles dites à propos, prières surtout, prières fréquentes et persévérantes : rien ne doit leur coûter quand il s'agit de sauver les âmes.

Eh! Mes Frères, de quelle nature serait votre charité si elle n'édifiait pas : Est-ce que le feu n'éclaire pas? Est-ce que le

---

(1) Saint Math., v, 16.

feu ne rayonne pas? Est-ce que le feu ne se communique pas? *Je suis venu apporter sur la terre*, dit Jésus-Christ, *le feu de l'amour de Dieu, et ce que je désire, c'est que la terre en soit embrasée* (1). » Je suis sûr, Mes Frères, que vous répondrez au désir de Jésus-Christ.

Et donc, voilà quel sera le triple but de mes efforts, le triple objet de mon ministère au milieu de vous. Vaste objet, trop vaste, je ne me le dissimule pas, pour ma petitesse, charge trop lourde pour mes épaules. Comme j'éprouve le besoin de vos prières, Mes Bien Chers Frères, afin que Dieu m'éclaire, me dirige et me fortifie!

Je demanderai particulièrement les vôtres, Monsieur le Supérieur du Collége d'Écouis (2), vous qui, accédant au choix tout gracieux de Sa Grandeur, n'avez pas hésité à prendre sur vos vacances si bien gagnées, pour venir m'installer ici. C'est une nouvelle marque de votre paternelle affection ajoutée à toutes les autres.

Je ne vous oublierai pas non plus, vous, mon vénéré prédécesseur, que nous avons toujours aimé, à Écouis, à saluer du nom de supérieur. Vous disiez que j'étais le disciple de votre disciple. J'aime mieux me proclamer l'enfant de votre enfant.

Et ne serais-je que votre disciple, comment ne me souviendrais-je pas de cette belle scène de nos saints Livres où Élisée suivait pas à pas le prophète Élie qui allait le quitter. Élie fut à Galgala : Élisée l'y suivit. Élie fut à Béthel : Élisée l'y suivit. Des prophètes lui dirent : Ne savez-vous pas que le Seigneur va vous le retirer? Élisée leur répondit : Ne dites rien, je le sais. Et il suivit encore le prophète; et quand ils eurent passé le Jourdain, Élisée se jetant aux pieds d'Élie lui dit avec larmes : O mon Père, vous qui conduisiez la maison d'Israël, je vous prie, donnez-moi la surabondance de votre esprit, afin que, lorsque vous serez parti, je puisse continuer votre

(1) Saint Luc, XII, 49.
(2) M. le Chanoine Cresté, supérieur du Collège diocésain d'Écouis.
(3) Reg. IV, c. II, 1 et suivants.

œuvre. — C'est la même demande que je vous adresse, Monsieur le Supérieur : O mon Père, vous qui conduisiez cette paroisse, dans le chemin du ciel, vous qui vous éleviez avec tant d'autorité, sur le char de feu de l'éloquence biblique, que pourrai-je faire après vous, moi qui dois rester sur cette terre. Je vous en prie, je vous en supplierais à genoux, Monsieur le Supérieur, accordez-moi la surabondance de votre esprit, afin que, lorsque vous serez parti, je puisse continuer votre œuvre.

Votre cœur me répond, Monsieur le Supérieur. Je sais que je puis compter sur vos prières les plus ferventes et sur vos sacrifices, et c'est soutenu par cette douce confiance, que je prends la direction religieuse de cette paroisse.

Imprimerie de l'Eure, L. Odieuvre, rue du Meilet, Evreux.

www.ingramcontent.com/pod-product-compliance
Lightning Source LLC
Chambersburg PA
CBHW062008070426
42451CB00014BA/3370